琉球沖縄史への新たな視座

武井弘一
Takei Kouichi

◎目次

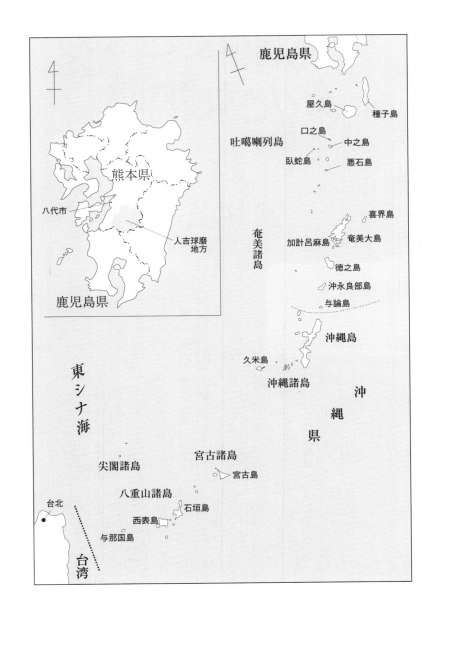

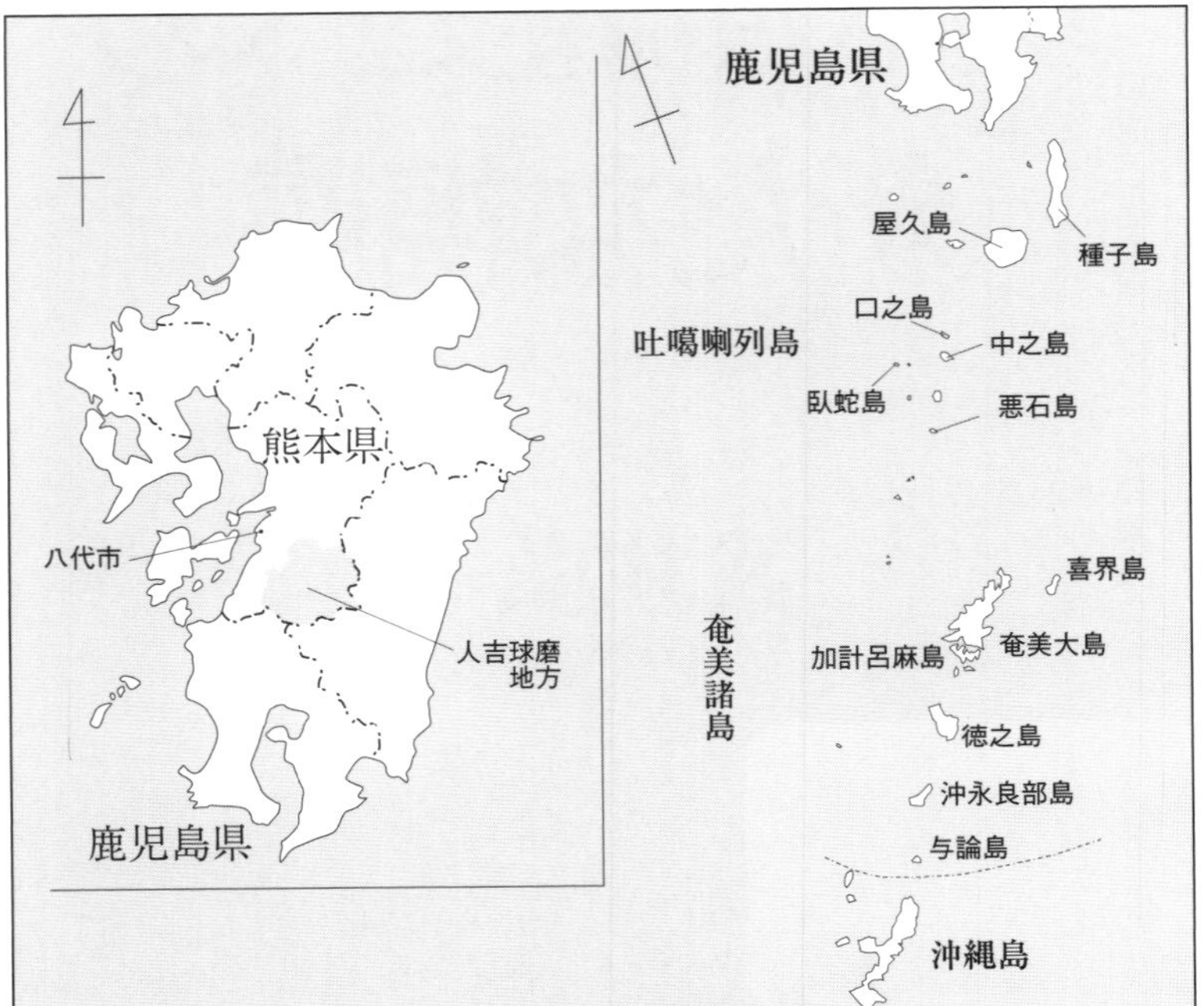

鹿児島県
熊本県
八代市
人吉球磨
地方
鹿児島県
屋久島
種子島
口之島
吐噶喇列島
中之島
臥蛇島
悪石島
喜界島
奄美諸島
加計呂麻島
奄美大島
徳之島
沖永良部島
与論島
沖縄島
久米島
沖縄諸島
沖縄県
東シナ海
宮古諸島
尖閣諸島
宮古島
八重山諸島
台北
石垣島
西表島
与那国島
台湾

琉球沖縄史を見る眼 ――新たな視座を求めて

はじめに

なぜ沖縄で琉球史ではなく日本近世史を研究するのか――。

沖縄でたった一人の日本近世史の研究者である私は、二〇一八年に岩波新書の一冊として『茶と琉球人』を出版した。そうしたのは冒頭の問いに答えるためではなかったし、そもそも琉球史の本を書くつもりも毛頭なかったのである。それにもかかわらず、これが最初で最後の琉球史の本であるという熱意で大急ぎでまとめた。

これから琉球沖縄史についての理解をより深めてもらうために、次の三点を述べることにする。

①冒頭の問いに対して、なぜ答えをだすことを迫られたのか。その背景には、日本本土ではけっして感じることのできない、沖縄で日本近世史を研究することの〝重み〟があった。

②なぜ『茶と琉球人』を執筆したのか。その理由としては、ある歴史が沖縄で知られることなく消え去ってしまうのではないかという、痛々しい現実を突きつけられたことにある。

③これまで琉球沖縄史で見落とされていた視座とは何か。それらの視座から琉球沖縄史を読み解くことに、いったいどのような意味があるというのだろう。

本題にはいる前に、『茶と琉球人』の内容をかいつまんで紹介したい。琉球沖縄史の時代区分のなかで、同書では「近世琉球」をグローズアップしている。近世琉球とは、一般的に今から約四百年前の一六〇九年に薩摩国の島津氏によって琉球国が侵攻されて、その琉球国が明治新政府によって解体されて一八七九年に沖縄県が設置されるまでの二百七十年間をさす。この間、琉球国自体は存続しているものの、実質的には島津氏が大名として君臨する薩摩藩の支配下におかれていた。

なぜ近世琉球に注目したのかといえば、琉球国が成立してから、もっとも長い期間、この地を支配下においていたのが薩摩だったからである。それどころか、琉球人は薩摩に搾取され、苦しい生活を強いられる羽目になったという見方が、沖縄の社会には深く根づいていよう。だが、その反証がある。沖縄の気候・風土は茶の栽培には適さないのに、士族から庶民までが、私の故郷である熊本県の人吉球磨《ひとよしくま》地方から茶を輸入して飲んでいたからだ。茶というのは、酒やタバコと同じ嗜好品である。琉球人が貧困にあえいでいたのなら、茶を買って飲むことはできない。

すなわち、琉球は中国や日本という大国の狭間で翻弄されつつも、日常的に茶をたしなみながら〝ゆたかに〟農業型社会を築いていた、というのが同書のあらすじである。

1　根源的な問い　――二〇〇八～一五年

人吉球磨から東京へ

　故郷の人吉球磨は熊本県南部に位置し、九州山地の山々に囲まれた盆地で、その真ん中を急流の球磨川が流れている。球磨川といえば、瀬音がさやぐ清流である一方、二〇二〇年七月四日に未曽有の水害が起こったように、ひとたび大雨が降ればすさまじい洪水をもたらす。

　ここで生まれ育ち、今から約三十年前の一九八九年春に、教員を養成する東京学芸大学に進学するために上京した。将来は故郷に戻って、高等学校の日本史教員をしながら、近世にこの地を支配していた人吉藩の研究をするつもりでいたからである。それに学芸大では、どうしても竹内《たけうち》誠《まこと》先生のもとで日本近世史を学びたかった。その頃、先生は『大系日本の歴史〈10〉江戸と大坂』（小学館、一九八九年）を出版されていたので、著名な先生の研究室にはいることに迷いはなかった。

　入学してすぐに、先生が指導する自主ゼミである東京学芸大学近世史研究会に属すことになり、研究手法を学んでいった。毎週金曜日の夕方から開催されるゼミでは、巨大都市江戸とその周辺農村を明らかにしようと活気に満ちあふれ、ゼミが終わってからも夜遅くまで飲みながら議論をした。ここで学問の楽しさと厳しさを学んだことを忘れることはない。

　なにぶん、竹内先生は多忙をきわめていたため、授業以外ではあまり話すことができなかった。それでも、つねづね次のような心構えを諭されており、今でもこれを信条としている。

歴史の教員になるのであれば、歴史学と歴史教育を両立させなさい。これは車でいう両輪のようなものである。両輪のどちらかひとつが欠けてしまえば、その車は走ることができない。歴史学と歴史教育を両立させるというのは、そういう意味だ。

この心構えを聞いて、至極当然のことではないかと思う方がいるかもしれない。だが、学校教育の現場で、これを実践している人が少ないことに気づいてからは、いただいた言葉の大切さと奥深さをかみしめている。なお、この「歴史学と歴史教育の両立」は、『茶と琉球人』の刊行へむけての伏線となっていく。

高校教員

故郷で高校教員となる夢はかなわなかった。大学院修士課程を修了した頃は、教職志望者にとっては就職氷河期だったからである。かろうじて一九九五年春に千葉敬愛高等学校の教員として採用され、ここで生徒指導や部活動顧問もふくめた教員としてのイロハを学んだ。

それから四年後には東京学芸大学教育学部附属高等学校大泉校舎（現東京学芸大学附属国際中等教育学校）に異動した。ここでは歴史教員としてのスキルが鍛えられた。というのは、日本で唯一の帰国生の学校だったからである。

具体例をあげると、「徳川家康のことを知っていますか」と尋ねても知らない生徒がいた。無理もない。海外では現地校に通っていたので、日本史の授業を受けたことがなかったからだ。日本語よりも、英語の方を得意とする生徒もいる。そういう生徒たちに日本史の授業をするためには、難しい歴史用語をかみ砕いて話さなければならない。その結果として、わかりやすく話し、書くというスキルを身につけることができた。

授業方法については、さらなる工夫を強いられた。最初はプリントを配って解説をし、その一方で生徒は板書の内容をノートに書き写すというように、日本史にはありがちな講義をしていた。ところが、どんなに面白そうな内容だと思って授業をしても、生徒たちの顔はなんだか退屈でしかたがないように映った。これにも海外ならではの事情があった。みずから進んで発表したり、討論したりするというように、主体的に学んだ経験をもつ生徒が多かったからである。

そこで試行錯誤をくりかえしながら、日本史の授業なかに、発表や討論といった方法を積極的に取り入れていった。それから約二十年が経過した今、そういう授業スタイルは「アクティブラーニング」と称されて、学校教育の現場での導入が推奨されていよう。

二〇〇八年、沖縄へ

「歴史学と歴史教育の両立」をモットーとしているので、高校教員をしながらも、コツコツと日本近世史の研究を積み重ねて学術論文を発表し続けてきた。そういう点も評価されて、琉球大学法文学部（現国際地域創造学部）の准教授としての採用が決まり、二〇〇八年秋に沖縄へ移住することになった。

初めて沖縄の地に足を踏み入れるにあたり、意識をした歴史学者が二人いた。一人は、経済史を専門とする安良城《あらき》盛昭《もりあき》である。一九五〇年代に豊臣秀吉による太閤検地を分析したことで有名で、そのインパクトの大きさから「安良城旋風」とたとえられた。彼は沖縄にルーツをもっていたこともあり、四十代の頃には沖縄で暮らして琉球沖縄史の研究をし、そのレベルを格段にひきあげた。そのような彼が沖縄でどのような影響をあたえたのかを、肌で感じたかったのである。ただし、沖縄で今、安良城のことを知る人はほとんどいない。

もう一人は、琉球史研究の第一人者ともいえる高良倉吉《たからくらよし》先生である。同僚で研究室が近く、酌み交わしながら懇親を深めていった。高良先生は、安良城と一緒に調査をして親しかったことから、彼のエピソードもよく聞いた。たとえば、安良城が沖縄を離れて本土へ戻ることになった際に、当時の歴史学界で最も影響力のある研究者をライバル視しようとしたこと、それが中世史研究者として名高い網野善彦《あみのよしひこ》だったこと、などである。

さて、琉球大学に着任して早々、高良先生に人吉球磨出身であることを伝えると、近世琉球では、私の故郷で製されていた「球磨茶」が、薩摩から輸入されて愛飲されていたという事実を教わった。琉球史を専門とする同僚の豊見山和行《とみやまかずゆき》先生も同じ話をされたので、これには仰天した。なぜなら、故郷で茶は生活に溶けこんでいるため、眼中にもなかったからである。それに日本各地には、宇治《うじ》、八女《やめ》などの銘茶も多い。なぜ故郷の茶が琉球に渡っていたのかについては、おおいに興味をもった。けれども、琉球史に関しては門外漢であったので、あせらずに時間をかけて、ゆっくり追究していくことに決めた。ましてや、この時点でも、琉球史の本を書くという発想すらなかったことはいうまでもない。

薩摩の琉球侵攻四百年

沖縄へ移った翌年の二〇〇九年は、琉球・沖縄の歴史上、記念すべき年であった。というのは、薩摩が琉球に侵攻してから四百年の節目だったからである。

この歴史的な大事件を問い直すため、沖縄県の新聞社は毎週のように紙上で特集を組んだ。五月九日に沖縄県立博物館・美術館で開催されたシンポジウムには、五百人を超える聴衆が参加して活発な議論がくりひろげられた。琉球大学史学会においても、高良先生をリーダーとした同僚たちと、一二月一二日に「薩摩侵攻四百年を考える」というテーマでシンポジウムを開いた。新聞だけではなく、各地でシンポジウムが次々と開催されたことが示すように、この事件に対する県民の関心の高さが伝わってこよう。

ところで、私は沖縄県民の一人であり、沖縄でたった一人の日本近世史の研究者でもある。たしかに薩摩の琉球侵攻は琉球沖縄史の一大事件だが、それは日本近世史にとっても同じといえる。そうであれば、日本近世史を専門とする私が、県内のどこかのシンポジウムに報告者として、もしくはコメンテーターとして呼ばれてもおかしくはない。しかし、そのような誘いは一切なかった。

すると、思いがけず本土から助け舟がだされた。宮城学院女子大学附属キリスト教文化研究所が一〇月三日に公開講演会「薩摩の琉球入り四百年」を企画しているので、そこでの講演を依頼されたのである。何を話すのかを悩みに悩んで、「茶と琉球人―近世九州の山村と琉球のあいだ―」というタイトルで講演をした。故郷の球磨茶が、海を渡った琉球でどのように消費されていたのか、その一端を示して、モノをとおして見れば薩摩＝支配者、琉球＝被支配者という構図ではとらえきれない琉球史像が明らかになるという問題提起をしたのである。

これは、のちに同じタイトルの論文としてまとめ、翌二〇一〇年に『沖縄研究ノート』第十九号の誌上で公表された。けれども、これ以降、球磨茶をとおして琉球史を描くという熱は冷め、日本近世史の研究に没頭していくことになる。

根源的な問い

沖縄で日本近世史に〝光〟があたらないのは、沖縄がたどった歴史に起因しているといってよい。かつて琉球国があった沖縄では、歴史学研究の本流はなんといっても琉球史である。沖縄からみれば、少なくとも前近代の日本史は外国史のようなものでしかない。だからこそ、日本近世史も外国史みたいなものなので、注目の的にもならないわけである。この真実を心の奥底から納得できるまでには、数年もの時間を要した。勤務している琉球大学では、つねに東洋史や西洋史と同じ外国史の教員の心づもりでいる。

それどころか、日本近世史を研究しても沖縄への地域貢献にもつながらない。日本各地には、「古文書《こもんじょ》」と呼ばれる古い記録類が多く残されており、日本近世史の研究を志す者は、その古文書の整理・解読をして、地域の歴史を明らかにするという重要な役目を果たす。だが、沖縄に残されているのは日本近世史ではなく琉球史に関する古文書であり、仮にそれを調査しようとしても残されているケースが少ない。一九四五年に起こった沖縄戦によって焼失したことが、その主因である。

沖縄では日本近世史が外国史のようなものだとはいっても、日本史が大好きで、大学では近世史の研究をしたいという志をもつ学生たちもいる。意識の高い彼ら、彼女たちは、二〇〇九年春に「琉球大学日本近世史ゼミナール」という名の自主ゼミをたちあげて、私もそれをサポートする形で運営されることになった。沖縄では日本史が外国史のようなものだということを忘れるくらい、ゼミ生との研究交流には喜びを感じている。沖縄に来て四、五年くらいが経過した、そんなある日のこと――。

ゼミ生の一人、二〇一〇年に入学した上原麻妃《うえはらあさひ》さんが、次のようなことを家族に打ち明けたと話してくれた。それは、「大学では日本近世史ではなく琉球史を研究している、とウソをついている」という、苦悩がにじむ言葉だった。自明のことだが、沖縄戦で日本軍は島民を守ることなく酷い仕打ちをした。それゆえ、沖縄戦の被害者である祖母には、日本史のことを研究していることは絶対に言えないと感じたからだという。

この現実に苛まれることになり、眼をそむけずに、沖縄で日本近世史を研究することの〝重み〟について、真剣に考えなければならないと思った。そうするための根源的な問いが、冒頭の一文だったのである。ゼミ生のみなさんは、卒業論文を執筆するにあたり、沖縄で琉球史ではなく、あえて日本近世史を研究する意義について自問自答をくりかえす。そうして、みずからの力でようやく導きだした、その答えを「あとがき」に記して卒論を提出している。

元高校教員としてのプライド

沖縄では日本史が外国史のようなものだとはいっても、生徒たちは学校で必ず日本史を学習しなければならない。たとえば、弥生時代に稲作が広まっていくことは、全国どこでも歴史の授業で学ぶ身近なテーマなのに、今の沖縄本島には水田がほとんどない。農作物としてはサトウキビが多く栽培されていることから、そういう環境で育つ生徒に稲作の話をしても、ピンとこないのは当然であろう。

かつて高校教員であったプライドにかけて、外国史のような日本史を少しでも理解していただけるよう、いろいろな方の協力もあって、これまでのべ約三十の中学校・高校で千人以上の生徒に出前授業を実施してきた。沖縄県ではないけれど、北は鹿児島県の与論島《よろん》から、西は日本最西端の与那国島《よなぐに》まで、とくに離島を巡って、少人数の生徒を対象に授業をしてきた。

さらに、離島に高校のある久米島《くめ》・宮古《みやこ》・八重山《やえやま》については、同僚やゼミ生たちと一緒に次の三つの歴史教材を作成して全県の高校に配布した。

『久米島まるごと歴史教材――沖縄県離島の高等学校における日本史学習プログラム～久米島編～』（二〇一三年）

『八重山まるごと歴史教材――沖縄県離島の高等学校における日本史学習プログラム～八重山地区編～』（二〇一四年）

『宮古まるごと歴史教材――沖縄県離島の高等学校における日本史学習プログラム～宮古地区編～』（二〇一五年）

ゼミ生と一緒に、与那国島の中学校での出前授業（2014 年 2 月 12 日）

沖縄本島から離島の高校に派遣されるのは若い教員が多く、授業の準備をするだけで日々を追われてしまう。たとえ離島に根ざした歴史教材を作ろうとしても、数年でふたたび沖縄本島に戻ってしまうので、それを考えて授業実践をする時間的な余裕すらない。そこで離島に赴任しても、すぐに教員が活用できるように、このような日本史学習プログラムを開発したのである。

ともあれ、「歴史学と歴史教育の両立」をめざそうとしたものの、歴史教育の面しか地域貢献ができずに終わってしまうのではないかと、肩身の狭い思いをしていた。

歴史教育が抱える矛盾

沖縄の歴史教育を少しずつ改善していくという草の根の活動を続けていくなかで、沖縄が大きな矛盾を抱えていることに気づいて胸を痛めた。それは沖縄の生徒たちにとって、いつか日本史ではなく琉球史の方が外国史のようになるのではないか、というアポリアである。

もちろん、沖縄県教育委員会高等学校教育課編『高校生のための沖縄の歴史　四訂版』(沖縄県高等学校地理歴史科公民科教育研究会、一九九八年)、新城俊昭『三訂版　高等学校　琉球・沖縄の歴史と文化』(編集工房東洋企画、二〇一七年)といった琉球史を学べるテキストはある。このような教材があるにもかかわらず、高校で琉球史を本格的に学べるような機会はあまりない。なぜなら、次のふたつの余儀なき事情があるからだ。

ひとつは、生徒が学校で琉球史を学べるような科目がないということである。日本の高校には、日本史A・Bといった学習指導要領にもとづく科目のほかに、教育上の必要から学校独自に科目を設けることができる。それなのに、沖縄県内の高校では、「沖縄の歴史」のような琉球史を学べる科目をおいているところは少ない。私のまわりの学生に琉球史のことを尋ねてもうまく答えられないのは、このような教育事情が大きく影響しているのだろう。

もうひとつは、そもそも学校教育の現場に、琉球史を専門的に教えることのできる教員が少ないということである。琉球大学のなかには、全国では珍しく、琉球史を専門的に学べるコースがある。しかし、そのコースに進んでも、カリキュラム上では中学校社会科・高等学校地理歴史科の教員免許を取得することはできない。教員採用試験の倍率が高いことをふまえれば、琉球史を専門とする教員の数がこれから増えていくとは思えない。それとは裏腹に、沖縄にとって、そういう教員の存在自体がなくなってしまう可能性もあろう。

このような歴史教育の現状を改善していくためには、沖縄県教育委員会、あるいは琉球大学という組織に働きかけていくしかない。そうはいっても、私にはそれを推し進める力もないし、ましてや組織を変えていくのには長い年月を要す。その間にも、沖縄の生徒たちの琉球史離れが進んでいくおそれすらあろう。この難問をどうにかして解決しなければならないものの、これが日本史ではなく琉球史にかかわることであるがゆえに、なんら身動きがとれずにいた。

2　知ってしまった責任　――二〇一六～一八年

沖縄での日常生活から

沖縄では、庶民の足として、タクシーがよく利用されている。乗車するときには、たいていは運転手との会話を楽しむ。私が熊本県の出身であることを伝えると、何人もの方から、次のような思いもよらぬ言葉が返ってきた。

熊本の方に感謝しているウチナーンチュ（沖縄出身者）は多いと思いますよ。というのは、戦時中に疎開者を受け入れてくれて、命拾いをした方が大勢いるからです。

ある疑問が頭をよぎった。天守がそびえる熊本市、草原が広がる阿蘇《あそ》、百二十余りの島々が連なる天草《あまくさ》、そして私の故郷の人吉球磨など、熊本にも地域性がある。ウチナーンチュの疎開先となった「熊本」とは、いったいどこなのだろう、と。

そこがどこかを調べようとしても、沖縄からの疎開の全容をまとめた本がなかったので、県内各地で発行されている『那覇市史』などの自治体史を調べてみることにした。自治体史には沖縄戦の記録が収められており、その中には疎開の体験談が載せられているケースもあるからだ。ほかにも文献を読みあさり、熊本県の各地に疎開者が滞在していたこと、故郷も多くの疎開者を迎え入れていたことがわかった。

幼少の折、アジア・太平洋戦争（一九四一～四五）の話といえば、その時に福岡に住んでいた母が空襲に遭ったことや、学校で広島・長崎に落とされた原爆のことを学んだくらいである。その半面、戦時中の故郷について習った記憶はなく、沖縄からの大勢の疎開者がいたことにショックを受けたのである。なぜこの事実を知っていなかったのかと自責の念を抑えることができず、せっかく沖縄に住んでいるのだから、故郷へ疎開した方をなんとか探して話を聞いてみることにした。そのチャンスは突然めぐってきた。

疎開者との出会い

琉球史を専門とする同僚に真栄平房昭《まえひらふさあき》先生がいる。ゼミ生との共同研究の成果を先生に送ったあと、二〇一六年二月に礼状が届いた。その成果というのは、球磨川の河口付近で洪水対策に奮闘する村人の歴史をまとめたものであり、詳しくは武井弘一ほか八名「熊本藩在御家人のライフサイクル─松岡忠九郎を事例に─」（『地理歴史人類学論集』七、二〇一七年）を参照されたい。礼状の話にもどるが、真栄平先生からの丁寧な文面には、次のような意外な事実が記されていた。

> わたくしの母（八十八歳）は、戦争中の昭和一九年ごろ、沖縄から熊本県に疎開しておりました。球磨川流域のたしか「多良木《たらぎ》」という町にしばらく滞在したことを、今でも懐かしく語ってくれます。わたしも子ども心に、その思い出話がとても印象深く、それだけに「球磨川」の洪水の歴史は、またわたしにとって、他人事とは思えないのです。

わが目を疑った。探していた疎開者が、こんなにも身近な所にいたからだ。早速、真栄平先生に、お母様から疎開の体験談を聞かせてほしいと願い求めた。すぐに電話が鳴った。残念ながら母は体調がすぐれないので会わせることができない、その代わりに一緒に疎開をしていた母の妹、私からみれば叔母にあたる島田《しまだ》（旧姓桃原）照子《てるこ》さんから話を聞いてはどうか、とのことであった。もちろん、面会したいと即答をした。

その年のこどもの日は、例年より蒸し暑かった。私は真栄平先生と、一九三二年生まれの島田さんの自宅に向かった。てっきり三人で話をするのかと思いきや、ほかに七人の方が待っていたのである。島田さんもふくめた八人は、沖縄師範学校男子部附属国民学校の卒業生であった。何十年ぶりかの再会を喜んだあとで、次のような体験を静かな口調で語り始めた。

真栄平房昭先生（左端）と疎開者のみなさん（2016 年 5 月 5 日）

開戦してから三年後の一九四四年七月に、政府・軍・沖縄県などとのあいだで、十万人を本土と台湾に疎開させる方針が決まった。そのさなかの八月二二日に大惨事が起こった。吐噶喇《とから》列島の悪石《あくせき》島付近で、学童ら千七百人以上を乗せて沖縄から九州へ向かっていた貨物船の対馬丸《つしままる》が、アメリカ軍潜水艦の魚雷攻撃を受けて沈没したからである。

話を伺った疎開者八人は、もともとは対馬丸に乗る予定だった。それなのに、どういう訳かはわからないが、突如として、暁空丸《ぎょうくうまる》という別の貨物船に移るように指示されたという。はからずも悲劇を避けることができた。なぜなら、当初の予定どおりに対馬丸に乗船していたならば、たちまちに藻屑と消えていたかもしれないからだ。暁空丸に乗った学童たちのなかには、甲板の上から、遠くで対馬丸が燃えるのを見た人もいた。

投げかけられた一言

息苦しい船底に押し込められた学童たちは長崎に到着し、そこから列車で熊本県日奈久《ひなぐ》町（現熊本県八代市）へ向かった。百人を超える学童たちは、旅館に宿泊して共同生活を始めた。そこでの暮らしは、沖縄の方言でいう、「ヤーサン（ひもじい）」「ヒーサン（寒い）」「シカラーサン（寂しい）」という三つの言葉につきる。

　翌年六月に沖縄が「玉砕」したという話を先生から聞く。日奈久のまわりで空襲があったこともあり、学童たちは熊本県の山の手に二次疎開をする。そこで終戦をむかえて、身も心もすり減らして沖縄へ帰還することになったそうだ。

　疎開の話が続いたのは三、四時間だったろうか。それは得難い時間であったにもかかわらず、私にとっては息の詰まるような空気も張りつめていた。最後には、全員で八代市立日奈久小学校の校歌を斉唱した。疎開中はここで授業を受けていたので、今でも曲を覚えているのである。これまで疎開の体験をほとんど話したことはなかったし、ましてや校歌を歌ったこともなかったと、みなさんは口々にした。

　別れ際に、ある方が私を呼び止めた。琉球大学名誉教授の安次富長昭《あしとみちょうしょう》さん、その人である。一九三〇年生まれの彼は、疎開にあたって、最年長のリーダー格として学童たちをまとめた。美術を専門とし、戦後沖縄の芸術作品を多く手がけた人であり、琉球大学の校章も彼がデザインをしている。暗然たる気分なのに、彼が発した一言がそれに追い打ちをかけた。

武井先生は、この疎開の話を聞いて、この先はどうするのですか——。

返す言葉が見つからなかった。不覚にも、ただ疎開の話を聞くことしか頭になかったからである。でも、疎開者はこれまで体験を語りたかったのに、語らないまま黙って生きてきた。戦争の残酷さを理解するために疎開のことも広く知ってもらいたいという、彼ら、彼女たちの心情を察すれば、これは何とかしなければならない。もし疎開のことが公表されなかったならば、この歴史が沖縄で知られることなく、もうじき消えてしまう。そう思った瞬間に、沖縄からの疎開という事実を〈知ってしまった責任〉のようなものを感じとったわけである。

では、なぜそのような責任を抱いたのかといえば、後付けで理由を探せば、歴史教育に携わってきた影響が大きい。歴史教育の最大のねらいは、凄惨な戦争を二度と起こさないことにある。生徒に平和の大切さを理解してもらうために、私自身も教壇に立ってきたつもりでいる。だからこそ、平和を重んじるために、沖縄戦だけではなく、疎開の事実も知ってもらいたいという、彼ら、彼女たちの想いに背中を強く押されたといえよう。

執筆する決意

そうはいっても、日本近世史を専門としているので、近現代史という新たな学問分野に一歩踏みだす勇気はない。はたして〈知ってしまった責任〉を果たせるのか、途方に暮れていた矢先に朗報が舞いこんできた。

疎開者のみなさんと会って、わずか四日後のことだった。二〇一五年に刊行した拙著『江戸日本の転換点』（NHKブックス）が、第四回河合隼雄《かわいはやお》学芸賞を受賞したのである。沖縄で日本近世史を研究しても外国史のようなものなので、まったく耳目も集まらない。だからこそ、受賞が決まった時には、本土から温かい〝光〟が差してくれたような気がした。沖縄であっても、しっかり自分の研究をしていけば、本土から誰かが見てくれているのだと、半歩ずつ前へ進んでいく「心のエネルギー」を得ることができた。

たてつづけに、岩波新書編集部から執筆の依頼を受けた。二年後の二〇一八年は岩波新書が創刊八十年をむかえるので、そのタイミングにあわせて一冊を書き下ろしてほしいとのことだった。ありがたい申し出であったにもかかわらず、執筆するかどうかについては悩み苦しんだ。精神的にも肉体的にもギリギリの状態で、『江戸日本の転換点』を書いたので精根を使い果たしていた。したがって、わずか一年ほどで一冊をまとめるほどの余力がないと判断したからだ。

それでも、疎開の事実が脳裏を離れることはなかった。疎開者のみなさんは高齢なので、〈知ってしまった責任〉を果たすためには、なるべく早く公表しなければならない。とはいえ、一年ほどで疎開の全容を調査してまとめるには時間がたりない。

悩むにつれて、あるアイデアが浮かんできた。かつて「茶と琉球人」という論文を発表していたが、この茶の話も、疎開の話も、私の故郷と琉球・沖縄との交流史という点では一致している。「茶と琉球人」の内容を土台にし、これに疎開のエピソードを組み入れれば、なんとか本に仕上がるだけではなく、疎開の事実も早く公表できるのではないかと、算段をつけたのである。

腹をくくって、岩波新書編集部に執筆することを伝えた。こうして『茶と琉球人』の刊行へむけて、急いで筆をとったわけである。

日本近世史の研究手法

せっかく琉球史をテーマとした本を書くので、これまでの琉球史研究ではあまり見られなかった手法をふたつ取り入れようと試みた。

ひとつは〝庶民の姿〟である。琉球史を描くのであれば、首里《しゅり》王府の華々しい政治や外交をとらえていくのが一般的であり、現にそういう研究成果が多く出されている。それはそれで評価すべきことではあるが、見すごしている点もある。たとえば、首里王府を現在におきかえてみると、それに近い存在としては沖縄県庁があげられよう。はたして県庁をとらえれば、沖縄のすべてを理解できるのかといえば、それは違う。沖縄全体を理解するためには、まずは何よりも県民の声なき声を拾っていくことが欠かせない。だからこそ、近世琉球をとらえるにあたっては〝庶民の姿〟に着眼して、なるべく庶民を主人公にすえようとした。

もうひとつは〝地域性〟である。これまでの琉球史研究は、首里王府に注目するあまりに、琉球を一つの国のまとまりとして考えてしまうきらいがあった。けれども、現在を見ればわかるように、沖縄のなかにも、首里や那覇だけではなく、久米島や石垣《いしがき》島などバラエティに富む個々の地域がある。それぞれの地域がもつ個性から目をそらし、ただ琉球とひとくくりにとらえられていることが残念でならなかった。そこで一つのフィールドに焦点をあわせ、その〝地域性〟をとおして琉球史の全体像を描くことにしたのである。

日本近世史という学問分野では、戦後から農村社会のしくみを究明することが盛んとなった。〝庶民の姿〟と〝地域性〟をクローズアップすることは、日本近世史の研究手法の常道といえよう。つまり、そういう研究手法を導入することによって、新たな琉球史像を解き明かそうとしたわけである。ただ頭を抱えたのは〝地域性〟であり、言い換えればどのフィールドを選ぶのかであった。候補は八重山と浦添《うらそえ》の二つに絞りこんだ。

まず、八重山は前述した出前授業で最も訪れていたので土地勘があり、それに日本史学習プログラムを開発していたことから、歴史についても少しは通じていた。「離島から見た琉球史」というテーマに魅力を感じたものの、やむなく見送ることにした。後述するが、近世琉球には耕地の開発が進んだので、この時代の特色をあらわしているのは離島ではなく農村といえよう。そこで、近世琉球で典型的な農村地帯であり、私が生活している浦添をフィールドにすることにした。

故郷にて

執筆の合間をぬって帰省もした。沖縄で故郷への疎開者に会うだけではなく、故郷でも疎開者を迎え入れた方に話を聞いてみようとしたのである。

そのなかで何度も通ったのは、惜しまれつつも、二〇一九年三月末で閉校してしまった熊本県立多良木高等学校である。その前身の熊本県立多良木実科高等女学校に、真栄平先生の母光子《みつこ》さんが疎開中に通学していた。多良木高校に、光子さんの同級生と面会できないかと問い合わせたところ、探し出してその場を設けていただいたのである。

戦時中に人吉球磨では大きな空襲がなく、あまり被害を受けなかったと聞いていた。よって、疎開者は、どんなに食生活が苦しくても、身の危険を案じることなく学校生活を送っていたのではないか。そのような予想をしていたものの、同級生の話はそれを見事に打ち砕いた。

じつは、うら若き少女だった彼女たちは、熊本市の軍需工場で戦闘機を製造していたのである。そのためにアメリカ軍による空襲という危険にさらされ、間一髪で死を免れていたのだ。先の戦争で、ウチナーンチュは沖縄では沖縄戦に巻き込まれ、本土では空襲を受けた。沖縄に残るにしても、そこから出るにしても

〝生き地獄〟だったわけである。

ところで、帰省したのには別の理由もあった。琉球人たちが愛してやまなかった球磨茶を探すためである。今の沖縄では、ジャスミンの香りのついたサンピン茶が愛飲されている。味わいのある緑茶より、ほのかな香りのするサンピン茶の方が好まれているわけだ。サンピン茶は、近代以降、おもに台湾から輸入されて沖縄に広まっていった。

それ以前の近世琉球では、球磨茶が大量に輸入されていた。この球磨茶の品種とは、具体的には山茶《やまちゃ》のことをさす。昭和三十年代（一九五五〜六四）頃まで、人吉球磨では焼畑が行われていた。山に育つ木々を伐って焼き払い、その灰を肥料にしてソバなどの雑穀を栽培する。そのあとに自生していたのが山茶で、香味の強いところに特徴がある。つまり、この香りに魅了されて、琉球では庶民までもが球磨茶を飲んでいたのだ。

しかしながら、今の故郷では、たしかに茶の生産は盛んではあるけれども、ブランドの品種が栽培されている。焼畑も行われてはおらず、山の中には自生している茶がかろうじてあっても、それらはほとんど製茶されていない。故郷ですぐに山茶を手に入れられないのは歯がゆかった。

ふいに幼少期の体験がよみがえった。実家には少しだけ茶の木があり、毎年ゴールデンウィークには家族総出で賑やかに茶摘みをしていた。摘み取った茶葉を祖母が釜で炒り、そうして出来あがった新茶をいただく習慣があったのである。

実家で茶の品種を尋ねると、案の定、それは山茶であった。その年の茶はどうしたのかと聞くと、次のような答えが返ってきた。去年までは、摘んだ茶葉を近くの工場に持って行き、そこで製茶をしてもらっていた。ところが、あいにくその工場が閉まったので、今年は自宅の釜で炒って製茶をしたのだ、と。この製法で作られたのが、まさに琉球人が喉から手が出るほど欲しがっていた球磨茶だった。

ほんの一握りの、その茶を持ち帰り、沖縄の水で湯を沸かして飲むことにした。くっきりと色づき、それでいて飲んでみると、鼻から香りの抜けるような味わいであった。それは緑茶ではなく、まさにサンピン茶に近い。こうして琉球人が球磨茶の香りを好んでいたことを確信したうえで、なんとか『茶と琉球人』の完成にこぎつけることができた。

3　琉球沖縄史を見る新たな視座

琉球農業国家

これまで琉球沖縄史で見落とされていた視座とは何か、その視座にどのような意味があるのかをこれから述べることにしたい。

まずは、近世琉球には農業を土台として社会が成り立っていたこと、別の表現をすれば〈琉球農業国家〉という視座である。琉球国は、その歴史が始まってから、アジアのなかで中継貿易によって繁栄をきわめた。交易圏は、現在でいうところのタイ、インドネシアといった東南アジアにまでおよんだ。復元されていた首里城正殿は二〇一九年一〇月三一日に焼け落ちたものの、本土の天守とは違う、異国情緒あふれるその外観が今でも目に浮かぶことだろう。

たしかに、琉球＝交易型社会という見方は潜在意識にしみついている。けれども、近世琉球の場合は、そうとも言いきれない。まず、交易の主体となったのは、庶民ではなく、あくまでも首里王府であった。次に、中国からは薬種、茶葉、紙、白砂糖、線香、磁器、布、扇などが輸入されていた。それらは、いずれも日用品というよりは嗜好品といえよう。

そして琉球＝交易型社会という通説を見直すうえで何よりも重要なのは、輸入品のなかには、米などの日常の食料は一切ふくまれてないということだ。この事実は、輸入に頼らなくても、琉球国は食糧の自給ができていたことを意味していよう。それを裏づけるデータがある。

沖縄本島における耕地面積の推移をみると、近世前期の十七世紀には約八千四百町（約八千四百ヘクタール）だったのに対して、中期の十八世紀半ばには約一万九千七百町（約一万九千七百ヘクタール）と倍増している。なぜ耕地面積が増えたのかといえば、農業を営むためには、必ず水を要す。首里王府は農業の発展に力を入れており、河川を次々に改修していった。こうして治水が安定して耕地が増え、食糧の生産量も着実に増えていったというわけである。

華々しい交易型社会と比べると、農業型社会というのは少々控えめな評価だと思えるかもしれない。だが、台風が過ぎ去った直後に沖縄の離島を訪れると、商店の棚から真っ先に食料品が消えていることを目にした方もいることだろう。島で生きていくためには、食糧を確保しておくことが最優先の課題なのである。さればこそ、輸入に頼るのではなく、食糧を自給していた〈琉球農業国家〉のことを、もっと高く評価してもよいのではなかろうか。

沖縄の年中行事

琉球が農業型社会であった証拠は、今の沖縄の年中行事にも残されている。一例をあげたい。

沖縄本島の南部に位置する南城《なんじょう》市玉城《たまぐすく》地区には、サトウキビの段々畑が連なっている。ここに、稲作発祥の地という伝承のある受水走水（ウキンジュハインジュ）がたたずむ。今でも地域住民の手によって、旧暦

「三十三拝」の儀式（2017年1月31日）

正月の初午の日には、「親田御願（ウェーダウガン）」と呼ばれる豊作を願う田植えの儀式が行われている。

受水走水を訪れる前には、いくつかの拝所をめぐる。そのうちの一か所がカラウカハである。今から約七百年前に、中国から稲穂をくわえて飛んできた一羽のツルがここに落ちた。その稲穂が芽を出して受水走水に移されて、琉球で初めて稲作が始まったという言い伝えをもつ。

受水走水では、井泉に手を合わせて拝むなどをしたあと、田植えにのぞむ。それが終わると別の広場に移り、立ったまま手を合わせて三十三回も拝む「三十三拝」を行う。これが済むと、参加者全員がお神酒を飲んで、重箱に盛られた料理を口にする。稲刈りが行われるのは六月頃である。収穫した米は地域で食されるだけではなく、翌年の儀礼のためのお神酒も作られる。稲からは藁も取れるが、綱引き行事に使われている綱の一部には、その藁も利用されているという。

住民の一人、幸喜《こうき》正寿《まさとし》さんは懐かしそうに、かつての暮らしを次のように語った。昭和五十年代（一九七五～八四）前半までは、ここは棚田で満ちていた。二期作が営まれていた棚田を見下ろすと、水田に張られた水面の光でまぶしいほどだった。田んぼは稲作だけの場ではない。フナ、ウナギ、カニ、タニシなどの生き物もいたので、獲ったウナギやカニは何よりもご馳走だった、と。

じつは、沖縄の年中行事は、稲を中心にした農作物の豊作を祈るための祭祀なのである。玉城地区では水田が大切に守られており、一部にすぎないがお神酒や綱の自給も試みられている。逆に、稲作が行われていない地域では、どうやって昔ながらの年中行事を保てるというのだろう。

沖縄の自然は今

沖縄の自然といえば何をイメージしますか。そう尋ねられたならば、〝青い海と空〟とか、〝どこまでも続くサトウキビ畑〟と答える方が多いかもしれない。

ひるがえって、数世紀をさかのぼった近世琉球の庶民に同じ質問をしたとしよう。〝青い海と空〟は共通しているかもしれないが、〝サトウキビ畑〟ではなく〝田んぼ〟と答えたことだろう。なぜなら、玉城地区の例でわかるように、サトウキビ畑は田んぼにすり替わって造りだされた景観だからである。さらに想像をたくましくすれば、〝海〟よりも〝川〟の方が身近な自然だったと思えてならない。

前述したように、近世中期には河川が改修されて田んぼが広がった。ここで注意しなければならないのは、水田というのは、あくまでもヒトの見方でしかないということだ。玉城地区の田んぼで獲られていたウナギ、カニなどの生き物は、そこが水辺だからいたのである。田んぼが広がったということは、要は水辺が広がったことも表していよう。水辺の生き物は、なにも魚だけではない。サギなどの鳥たちも田んぼに降りてきたに違いない。

はたして今、沖縄の自然はどうなっているのかといえば、沖縄本島では宅地化が進み、田園風景はなかなか見られなくなってしまった。よって、サギのような水辺の鳥が飛び交う光景を見ることも滅多にない。川は流れているものの、その中で泳いでいる魚の多くは外来種である。例をあげれば、ティラピアの一種であるアフリカ原産のカワスズメは、終戦後の食糧難の頃、食用魚として持ち込まれた。

それどころか、川で遊ぶ子どもたちの姿もほぼ見かけない。現に、ウチナーンチュの学生に聞いてみても、「川が汚いので、遊んだことも、ましてや入ったこともない」と誰もが口をそろえる。海に比べると、はるかに水辺への関心がうすれている。近世琉球から一変して、今の沖縄は美田を失い、汚れた川には外来魚が群がって泳いでいる。この自然をありのままに受けとめていくしか、もう方法はないのかもしれない。

モノから見た琉球史

琉球沖縄史をとらえる視座として次にあげられるのは、モノの生産・流通・消費からとらえる〈モノから見た琉球史〉である。球磨茶、昆布、そして八重山上布《じょうふ》という具体例を三つ、手短に紹介しよう。

まず、球磨茶を生産していたのは百姓たちであり、人吉藩は領内の茶の流通を独占するだけではなく、商品化にも力をいれていた。近世後期に藩は財政悪化に悩まされており、少しでも収入を増やすために、琉球からの需要の大きかった茶に目をつけたわけである。

それに人吉藩は、球磨茶を輸出するだけの自信ももっていた。現在、日本で生産されている茶は煎茶が多いが、それが普及していくのは幕末からなのである。それ以前の日本各地では、若葉を摘んだあとに、硬くなった葉や枝などまで刈り取って製された番茶が飲まれていた。これに対して、球磨茶は上・中・下という三等級で仕分けされていた。それどころか、百姓が茶を上納するにあたり、藩はゴミ、土、茶の茎などを入れてはならないと命じていたのである。きれいに選別された茶葉のみで製された、いわば高い品質を誇っていた球磨茶を人吉藩は琉球へ輸出していたというわけだ。

それを消費する琉球側は、どのようにして入手していたのかといえば、琉球を支配する薩摩藩をとおして購入していた。国内で普及している球磨茶をどうしても手に入れたい琉球は、薩摩に対して、人吉藩から直接にすべて、しかもなるべく安く確実に買いたいと要望した。商品を少しでも安く買おうとするのは、消費者としては当然のことであろう。そこまでして輸入した球磨茶を、琉球の士族から庶民までがたしなんでいたわけである。

ふたたび球磨茶の生産者の姿にもどると、人吉藩では近世後期の一八四一年に百姓一揆が起った。これは人吉藩で起こった唯一の百姓一揆であり、領内全域から百姓たちが駆けつけ、参加者は数万人にまでふくれあがった。この規模だけみても、事態の深刻さがうかがえよう。なぜ百姓一揆が起ったのかといえば、その原因のひとつは、百姓たちが生産していた茶が不当な値段で藩に買いあげられていたことにある。

琉球人が欲しがった球磨茶は、人吉藩の百姓らに豊かさをもたらすどころか、百姓一揆を起こさざるをえないほどまで追いつめたのだ。

昆布、そして八重山上布

琉球では、茶と同じように昆布も消費されていた。今日、昆布を炒めたクーブイリチーのように、沖縄料理の食材として、汁もの、煮もの、炒めものなどに昆布は欠かせない。それほど沖縄料理にとって昆布は大きな影響をあたえているにもかかわらず、昆布そのものは沖縄では採れない。

近世琉球では、薩摩を介して蝦夷地の昆布が輸入されていた。蝦夷地で誰が昆布を採っていたのかといえばアイヌであり、彼らが採った昆布を転売していたのが松前藩である。松前藩をとおして、アイヌにどのようなことが起きていたのかといえば、もともとアイヌは松前藩の交易の相手とされていた。ところが、近世中期以降は、漁場を経営する商人たちによって、労務者として厳しい労働を強いられていたことは、あまりにも有名な事実といえよう。

すなわち、重苦にあえぐアイヌによって、昆布を用いた琉球の食文化も成り立っていたのである。そればかりか、その昆布を中国に転売することによって、首里王府はしっかり利益を手にしていた。

その裏で、琉球国の足元でもまた、苦渋の色がにじむ商品が生産されていた。八重山上布である。八重山では、税として米などの穀物のほかに、布も納めなければならなかった。そのうち、上級ランクの織物が八重山上布なのであり、それを織るのは女性と決められていた。

女性たちが、織物という苦しみから逃れるためには、たとえば村以外の者の妻になって島を出て行けば、布を織らずに済む。仮にそうしてしまうと、村に残っている者のうち、誰かの負担が重くなる。彼女たちには、生まれ島に残るしか選択肢はなかったように思える。ましてや、島を離れることができたとしても、後ろ髪をひかれる想いで船に飛び乗ったのではなかろうか。

はたして商品価値の高い八重山上布は島外へ出てどうなったのかといえば、薩摩を経て諸国に伝わったことから、本土では「薩摩上布」と呼ばれていた。なかでも紺地に白がすりのデザインは、夏服として、江戸・大坂・京都を中心に大流行していたという。八重山上布は薩摩の特産物にすり替わり、一大ブランド品となって消費されていたのだ。

新たな近世琉球像の解明へむけて

薩摩藩が琉球国に侵攻して、薩摩藩＝支配者、琉球国＝被支配者という構図ができあがった。しかしながら、茶、昆布、八重山上布の例からは、そういう構図では見えてこなかった歴史像が浮びあがってきた。このようにモノという視座をすえることによって、これまでの支配者―被支配者という構図では、まったくとらえきれなかった琉球史像が明らかになるだろう。

とはいえ、そのためには高いハードルもある。なぜなら、〈モノから見た琉球史〉のうち、とりわけ琉球の庶民のことを記した史料があまり残されていないからだ。前述したように、その主たる原因は沖縄戦で古文書が焼失したことによる。

だからといって、悲観してもいけない。庶民のことを知るための新たな手がかりとして、考古学の成果に注目してはどうだろうか。たとえば、沖縄県浦添市には庶民が埋葬された近世墓が点在しており、浦添市教育委員会によって発掘が続けられている。その際に、埋葬者の愛用品なども出土する。具体的には、急須、小杯といった茶道具をはじめとして、キセル、簪《かんざし》、銭貨など枚挙にいとまがない。そのうちキセルは庶民が煙草を吸っていた証であり、茶と同じ嗜好品でもあるので、庶民の暮らしの〝ゆたかさ〟を示していよう。

近世墓の発掘は今後も続けられることから、出土品の数も、その研究成果も増え続けていくのは疑いえない。とすれば、史料だけではなく、考古学の成果を用いれば、モノを消費する〝庶民の姿〟も見えてくるのではなかろうか。そうすることにより、近世琉球像の新地平が拓かれることを期待したい。

第二の故郷

沖縄から故郷への疎開者の話にもどろう。以下の男性二人は今でも疎開先との交流を続けており、そのときには知らずしらずのうちに、人吉球磨の方言である球磨弁が口にでてしまうという。

一人目の新城《あらき》安哲《やすてつ》さんは、戦後すぐの一九四七年に人吉球磨で生まれたウチナーンチュである。戦前に沖縄で教員をしていた父は、やがて満州に移っていった。終戦が近づく頃にソビエト連邦軍が侵攻してきた時には、中国人が匿ってくれて助かった。故郷へ帰ろうとするも、沖縄戦で壊滅していたので、まずは本土への行き先を探した。そこで人吉球磨に疎開していた親族を頼って、熊本県湯前町《ゆのまえ》に移り住むことにしたのである。

父はそこで教員として働き始め、こうして安哲さんは誕生することになった。沖縄にルーツがあるといって、イジメを受けたわけではない。むしろ、沖縄出身であることも知らずに育ったという。終戦から十年以上が経過した一九五七年に家族で沖縄に帰ったけれども、今でもイベントのたびに人吉球磨を訪れているそうだ。

二人目は、一九三五年生まれの比嘉栄《ひがさかえ》さんである。学童疎開で九州へ向かうにあたり、対馬丸ではなく暁空丸に乗っていたので一命をとりとめた。それから阿蘇に疎開をしたものの、厳しい寒さと食糧事情の悪さとがあいまって、一九四五年にはいると体力が徐々に低下していく。幸いにも母が多良木町に疎開していたので、迎えに来てもらうことになった。

終戦をむかえても、落ち着くまでは一家でそのまま滞在することにした。食糧難であったにもかかわらず、宿泊先の延寿寺《えんじゅじ》からは物心両面にわたる援助をうけ、翌年の夏にみんなで沖縄へ引き揚げる際には、赤飯を炊いて送別会を開いてもらったそうだ。別れを惜しんだ比嘉さんは、高校生の時に一人で多良木町に戻り、大学を卒業して就職が決まってから、ようやく帰郷したという。

このように疎開先との縁を大切に守っているウチナーンチュについては、ときどき耳にすることもあろう。比嘉さんは、その理由を明快に語ってくれた。

戦中・戦後の困難な時代と多感な高校生の時に、私を成長させてくれた人吉球磨が、第二の故郷であるからなのです。

女性たちの戦後

続けて、人吉球磨に疎開をした女性二人を紹介したい。

一人目は、一九〇五年生まれの新崎千代《あらさきちよ》である。沖縄で教員をしていた千代は、戦時中に家族とともに疎開をし、転々としたあとに人吉球磨に行き着いた。終戦をむかえても、彼女は故郷の沖縄へ戻らずに、あえて人吉球磨に残るという決断をくだす。こうして誰一人として〝つて〟のない異郷の地で、女手ひとつで生活していくことにした。

本人自身が生き抜くだけで精一杯であったにもかかわらず、同じような境遇の母子家庭にも惜しみなく支援をしたという。天寿をまっとうするにあたり「大輪の花」とまで称賛された彼女の一代記について、詳しくは後掲の「新崎千代―人吉球磨に生きた沖縄女性―」を参照してほしい。

人吉で再会をした新崎千代（左）と古堅ユキ（右）
（1979 年 3 月 30 日）

二人目は、千代より七歳年下の古堅《ふるげん》ユキである。彼女もまた沖縄で教員をしていたが、沖縄に戦火が迫ってきたことから、夫を残して人吉球磨に疎開をした。

終戦をむかえて沖縄へ帰還するも、そこにユキが待っていると信じていた最愛の夫の姿はなかった。なぜなら、アメリカ軍の火焔放射器で命を失っていたからである。それからアメリカ軍支配下での苦しい生活が待ち受けているなかで、彼女は教員に復した。けれども、かつて学校で「天皇陛下のために」「御国のために」なるような人にと教えていたがゆえに、沖縄戦で多くの教え子を失ったことへの苦悩を抱え続けることになる。

ご遺族の話によれば、ユキはその後の一九五七年に那覇区教育委員に当選する。そのあとも沖縄社会福祉協議会、琉球政府更生保護委員会などに勤務し、沖縄婦人連合会理事、沖縄人権協会理事といった役職も歴任した。沖縄の日本復帰後に初めて県知事となった屋良朝苗《やらちょうびょう》や、彼とともに復帰運動に尽力をした参議院議員の喜屋武真栄《きゃんしんえい》とは、沖縄教職員会の時代からの同志であった。そのため、彼らが選挙をするにあたって、ユキはよく応援演説をしていたという。疎開をして命をつなぎ、社会貢献を果たしながら、彼女は戦後の沖縄を支えていったのであった。

もうひとつの沖縄戦

通常、沖縄戦の歴史といえば、沖縄での決戦が脚光をあびる。むろん、その大切さを疑う余地はない。そうはいっても、これまで登場してきた何人もの疎開者の体験は、沖縄での決戦の歴史には含まれない。はたして、それでよいのだろうか。

それに、沖縄での決戦のために国策に従って疎開が行われたということは、疎開も沖縄戦とはまったく無縁ではない。後掲「新崎千代」に記されているように、本土に行けると喜ぶ子どもたちに対して、千代が「戦争参加」のために疎開するのだと諭していたことが、その証左である。すなわち、決戦のために沖縄を離れた疎開者は、〈もうひとつの沖縄戦〉の体験者といえよう。

現在、沖縄ではだいたい五年に一度、「世界のウチナーンチュ大会」と呼ばれるイベントが開催されている。世界に羽ばたいた沖縄県民の功績を称えるだけではなく、文化、経済、スポーツなどの各分野で、世界中のウチナーンチュと県民との交流をはかろうとしているのである。
直近に開催された二〇一六年の第六回大会には、海外から七千人以上が参加し、入場者数はのべ約四十三万人にもおよんだ。大会の目標の一つとして、「ウチナーネットワークを維持、継承、拡大し、ウチナーンチュ同士の絆を深め、アイデンティティーを確認する」というテーマが大きく掲げられていた。沖縄県民だからこそできる、すばらしい取り組みだといえよう。

県内だけではなく、世界中のウチナーンチュとの絆を深めることによって、アイデンティティーを確かめあう。その価値を認めたうえで、今から七十年以上もさかのぼった沖縄戦についてはどうだろう。沖縄での体験者が注目されていることは言うまでもない。それでも、沖縄以外の体験者の話も聞かなければ、ウチナーンチュ同士の絆を深め、アイデンティティーを確かめあうこともできないのではなかろうか。

沖縄戦の時点で、アジア・太平洋の各地に散らばっていたウチナーンチュは、いったい何をしていたというのだろう。疎開をしただけではなく、戦争に協力し、あるいは各地で戦禍に巻き込まれた方もいたに違いない。

沖縄での決戦以外を〈もうひとつの沖縄戦〉ととらえ、ウチナーンチュ一人ひとりが戦時中にどのような体験をしてきたのか、彼ら、彼女たちのライフヒストリーを紡いでいく。そうしてウチナーンチュ同士の絆を確かめあうことによって、沖縄戦の真実が、より鮮明に浮き彫りになってくるように思えてならない。

おわりに

冒頭の問いについてだが、『茶と琉球人』を刊行して数年を経た今も自問自答している。とはいえ、要領をえないかもしれないが、次のような答えがおぼろげながら頭に浮かんできてもいる。

既述のごとく、これまでの琉球史では、薩摩から琉球へ球磨茶が輸入されていたことはわかっていた。薩摩＝支配者、琉球＝被支配者という構図をふまえれば、琉球は宇治、八女といった銘茶ではなく、九州の山奥で製される茶を薩摩から無理やり買わされていたとみなせなくもない。だが、日本近世全体を見渡してみても球磨茶の品質は高く、その香りを求めて、琉球では庶民までもがその茶を欲しがった。そればかりか、茶という嗜好品をたしなむほど〝ゆたかな〟琉球人の姿も明らかになったわけである。

琉球沖縄史への理解を深めるためには、ただ沖縄を見ているだけでは、独りよがりの、ゆがんだ見方に陥るかもしれない。そのためにも、琉球沖縄史を映し出す〝鏡〟のひとつとして、日本近世史を見ていかなければならないと、今のところは考えている。

はからずも、『茶と琉球人』の刊行によって、沖縄で「歴史学と歴史教育の両立」を達成させたことになり、結果として地域貢献を果たすことにもなったといえようか。そうはいっても、大きな課題が残されていた。それは沖縄の生徒たちにとって、いつか琉球史が外国史のようになるのではないか、というアポリアである。これは、ナイチャー（本土出身者）の私ではなく、やはりウチナーンチュのみなさんの力で克服していただくことを切に願っている。それは険しく、気の遠くなるような道のりかもしれないが、その果てには明るい兆しも見えている。

まずは何よりも、私とともに日本近世史を学んだゼミ生のなかから、沖縄県で学校関係の仕事や教職に就く者が出てきたことである。専門性が高く、一緒に日本史学習プログラムを開発したみなさんには、ぜひとも琉球史をテーマにした歴史教育の改善にむかって、一つひとつ難関を乗り越えていってほしい。

さらに、沖縄の生徒たちの未来にも期待している。『茶と琉球人』を執筆するにあたり、読み手としては高校生も意識し、高校教員だった頃を懐かしみながら書きつづった。だからこそ、一人でも多くの高校生に読んでいただき、ほんのわずかでも琉球沖縄史についての知識を深めてくれたら幸甚の至りである。そしていつの日か、読者のなかから、同書の内容を塗りかえるような研究者が登場してくれることを心待ちにしている。

◆新崎千代　――人吉球磨に生きた沖縄女性

プロローグ

戦後の人吉史を語るに欠かせない大輪の花だった。

今から二十年ほど前の話である。熊本県人吉市で、九十九歳を祝う白寿を終えたばかりの、ある女性が天寿をまっとうした。名を新崎千代という。彼女が果たした功績に対して、『週刊ひとよし』誌上では、右のような賛辞が贈られた。

「大輪の花」と称えられた千代の顔立ちに注目してほしい。きりっと束ねた黒い髪と大きな瞳に、千代の個性が見てとれよう。それもそのはず、彼女は南国の沖縄出身なのだから――。

新崎千代、自宅のベランダにて

なぜ千代は人吉に住むことになったのだろう。日露戦争のさなかの一九〇五年四月八日、彼女は、士族の出である野里安真《のざとあんしん》・ムトの四女として生まれた。首里城の麓にある実家での暮らしは、けっして豊かではなかった。なぜなら、子どもの頃に両親を失ってしまったからである。

女子の進学率が低かった時代に、彼女たちに実業を授ける首里区立女子工芸学校へ進学した。ゆくゆくは裁縫で身をたてて、実家をささえる気でいた。そのあとは教職につき、同じ教員でもあった夫と結婚して子宝にも恵まれた。ところが、アジア・太平洋戦争が始まると、沖縄が戦火に巻き込まれる危険性がおおいに高まったのである。

そこで千代は、今から七十年以上も前の一九四四年に、家族とともに沖縄から船に乗り、まずは鹿児島へ上陸し、宮崎、そして人吉へと逃れてきたのだ。この時、最愛の人を失ってしまう。その悲しみは、どれほど深かったことだろう。そのあとに終戦をむかえても、千代は故郷の沖縄へ戻らずに、あえて人吉に残るという、茨の道を選んだのである。

なぜ「茨」なのかといえば、誰一人として〝つて〟のない異郷の地で、女手ひとつで生活していく決断をくだしたからだ。それどころか、よそ者に対する風当たりが強かったことを想像するに難くない。

彼女の人生をひも解くと、これまで私たちに十分に伝えられてこなかった史実が次々と浮かびあがってくる。いくつかの例をあげると、戦前の沖縄の活気に満ちた教育界や、それとは一変して戦争の酷さ、さらに戦後の人吉で懸命に生きのびようとする人たちの姿などである。

本来は沖縄で命を落とすかもしれなかった新崎千代——。彼女が人吉球磨に渡って命をつなぎ、戦後にゼロから暮らしを再建させ、「大輪の花」と称賛されるまでの一代記が、これから始まる。

沖縄の家族

今から一世紀以上も前に、千代は沖縄で生まれ育った。裁縫で生計をたてるため、三か年の実業教育を終えると、教職への意欲をもやした。教員免許さえあれば、沖縄だけではなく、日本のどこにおいても働けると考えたからだ。そのためには、教員を養成する女子師範学校へ進むのがよい。けれども家計は苦しい。

もうひとつ、教員となる方法があった。半年間、同校で講習を受け、試験を経て教員免許を取るのである。もし不合格となれば仕立屋になる覚悟で、彼女はチャレンジした。その後、難関をクリアして免許を取得。一九二一年に、離れ島の久米島にある仲里《なかざと》尋常高等小学校に赴任した。十六歳の若さだ。千代はこうして〝教育者〟としての道をあゆみだす。

教員となってからは、短歌を詠むようになり、「野沢仙子《のざわせんこ》」というペンネームで、新聞紙上で発表することもあった。彼女の人生を語るうえで、それほど短歌はかかせない。たとえば晩年の七十四歳、一九七九年のこと――。

彼女が久米島の次に赴任した佐敷《さしき》尋常高等小学校の教え子たちと、大阪で五十年ぶりに再会したのである。生まれ島を離れて就職していた彼らと涙声で抱きあった際、昔の面影がよみがえり、こう詠んだ。

霜雪を知らず育ちし少年の素肌傷めし堺の工場

就職してから九年後の一九三〇年に、同じ教員であった新崎寛直《かんちょく》と結婚した。けれども、そのまま仕事は続けた。新崎家が十人という大世帯であったことから、家計を助けるためである。結婚してからも、教員生活は充実していたのではなかろうか。というのは、沖縄県女教員研究会の幹部にもなったからだ。

戦前の日本は、国策の関係から「産めよ、増やせよ」という時世であった。一九四〇年秋の記念写真には、

新崎家の記念写真（1940 年秋）

家族六人の姿が見られる。このあとに次女が生まれ、千代は三男二女をもうけることになった。

ここで長男のエピソードを紹介しよう。一九三七年に日中戦争が勃発すると、千代は幼い長男に裁縫を教えることにした。軍隊に入ったとき、身のまわりのことは自分でさせるためである。

だが、それを見た祖母の眼は怒っていた。沖縄では、父親の血を引いた長男が、たいていは跡を継ぐ。だから、宝物のように長男を大切に扱う祖母には、裁縫をさせることが許せなかったというわけだ。のちに千代は、血縁を重んじる長男の嫁として、ある使命を果たすことになる。

教員一家

千代が結婚した寛直とは、どのような人物だったのだろう。

彼は千代の二歳年上で、一九〇三年に那覇で生まれた。新崎家も士族の出ではあったが、落ちぶれていたため、長男の寛直が家計をささえるしかない。そこで彼は、小学校の教員を養成する師範学校に進み、一九二二年に糸満《いとまん》尋常高等小学校の教員となった。

しかし、日本本土へ進学して、中等学校の教員となる夢をあきらめきれない。その夢をかなえるためには、東京や広島などにある高等師範学校に進学し、教員の資格を得ればよい。でも、家族のために、沖縄を離れるわけにはいかなかった。ただし、通称「文検」と呼ばれる文部省教員検定試験にパスして、資格を得るという方法もあった。寛直は働いていたので無理せずに、規則正しく生活しながら、コツコツと勉強を続けた。教職について四年後、ついに文検の教育科に合格。続けて、沖縄県首里市第二尋常高等小学校・女子師範学校へ異動した。基本的にそれからは、女子師範学校でおもに教育学関係を教えることになる。さらに一九三七年から四年余りは、教育行政を指導する視学として、沖縄県庁でも勤務した。

教育界で出世していく寛直は、はたして家庭との両立はできていたのか。要職についていたこともあり、忙しい学年末にはたくさんの教員が自宅を訪れた。表座敷は、まるで学務課の事務室のような状態であったそうだ。

そのため、家族が思わぬ犠牲になることもあった。具体例をあげれば、映画を観に行く約束をしていたのに、行けなくなった次男が、たまりかねて客間で大声をあげて泣き出したこともあったという。

暇のない父の心は、心理学とともに子どもたちの上に置かれ、それぞれ独りで育つように仕向けられていました。

千代によれば、夫は忙しいながらも家族と向きあい、子供たち一人ひとりの個性を尊重していたようだ。

さて、先の戦争中に沖縄師範学校が新たに設立された。寛直は同校の教授となり、男子部附属国民学校の主事にも任じられている。このように千代の夫は、沖縄の教育界をリードし、将来を背負う人物として期待されていた。この教員一家に、やがて暗雲が立ちこめることになる。

疎開の決断

一九四一年に始まったアジア・太平洋戦争は暗い影を落とした。

千代は、那覇にある上山《うえのやま》国民学校に勤務していた。それまでの小学校は、新たに「国民学校」と呼ばれるようになっていた。校務はしだいに軍国主義に染まっていく。祖母と幼い子どもたちを抱えたまま教職をまっとうすることを、千代は重荷に感じるようになっていた。

同僚の男教師にも、兵として呼び出される召集令状が届く。その結果、召集されても、後任が補充されることはない。教員数を確保するため、女教師が退職することは許されない。もし辞められたとしても、戦時体制下で奉仕活動を強いられるに決まっている。

一九四四年七月には、サイパン島で日本軍が全滅するなど、戦局は悪化の一途をたどっていた。沖縄が戦場と化すのは、もはや時間の問題となった。国家は存亡の危機にある。沖縄が戦場となってしまえば、女や子どもは足手まといとなってしまう。サイパンが陥落しようとしていた頃に、沖縄県は政府や軍などと、十万人を本土と台湾へ疎開させる方針を決めた。

「六十歳以下、十五歳以上の男子を除く老若男女は県外へ疎開せよ」。世のなかは、あっという間に、疎開の騒ぎとなった。それでも、千代は退職をすることはできない。機転をきかせて、「肺結核」の診断書を作成してもらい、やっと教員を辞めることができた。

沖縄師範学校で要職をつとめる夫を残し、千代は家族で九州へ疎開することにした。那覇港で貨物船に乗って北上していく。けれども、あいにく台風のシーズンであった。激しい荒波のなか、ジグザクしながら航行する船の中は、恐怖どころか、死霊との闘いであったという。

のちのことだが、八十八歳を祝う米寿の記念会に、千代はこんな短歌をよせている。

栗柿も雪もありとてはしゃぐ子に戦争参加と諭せし疎開

沖縄では栗や柿の実を見かけないし、ましてや雪も積もらない。疎開した本土で、それらを目にすることができると喜ぶ子どもたち。これに対して、戦争のために疎開するのだと、千代は諭す。つまり、沖縄から逃げるのではなく、あくまでも戦争に参加するために、千代が疎開を決断したことを忘れないでほしい。

鹿児島上陸

千代が乗った貨物船は、かろうじて鹿児島市に着いた。幼い子どもたちと上陸した彼女は目を疑った。沖縄ではモンペ姿で、食糧難に苦しみ、非常事態の緊張感がただよっていた。それにもかかわらず、鹿児島では食料が山積みされ、婦人たちは簡単なワンピースであるアッパッパを着流していたからである。

当時の中学校は義務教育ではなかった。そのため、中学生の長男を転校させるにあたって、千代は「身を裂かれる思い」がしたと述懐している。彼女が晩年に書いた『私の昭和　第一部　沖縄戦前夜』には、次のように記されている。

教員であった千代は、「教育は神聖なもの」と信じていた。けれども、鹿児島県学務課の職員は、持ってきた学籍証明や成績簿には目もくれず、鼻息荒くこう言い放った。「鹿児島一中をどんな学校と思っているか。私立の鹿中へ行ったらよい」、と。

千代は背中におぶっていた幼い娘と息子の二人を、汚い床の上に風呂敷を敷いて座らせた。そして職員に、私たちが国家の犠牲者であることを切々と説いた。すると、「それなら二中へ行ってみよ」と、渡された紙を持って二中を訪ねた。だが、学務課からは何の通知もないとの一点張りで、二中でもまた、いろいろと嫌味を言われた。挙げ句のはてには「席がない」という理由で断られ、無駄な一日が終わった。

翌日も学務課を訪れ、長男を一中に通わせるため、「許可があるまでは帰れません」と、下足で汚れた床の上に座り込んだ。「これが学務課の職員か」と、身震いする発言をまた耳にするものの、じっと我慢して聞き流す。やっと一中の転入許可証を手にして、次の日にようやく長男と鹿児島一中の門をくぐることができた。

土下座二日に毒舌添えし転校許可に怯え戸惑ふ吾等の八紘一宇

のちに、千代はこのような短歌を詠んでいる。「八紘一宇」とは、戦争の標語のことをさす。信じていた国に裏切られているのではないか。そんな心の震えも伝わってこよう。

こうして鹿児島での暮らしが始まった。だが、初めての土地なので、ささいなことでトラブルが起こるかもしれない。そこで沖縄の白銀堂に残された、次の諺を子どもたちに言い聞かせた。

手が出たら意地を引け。意地が出たら手を引け。

宮崎へ再疎開

鹿児島でも疎開騒ぎの声が高まり、千代は宮崎市へ逃れた。宮崎では、航空隊家族の住宅として準備されていた一室に入るものの、そこは玄関もない畳二間の粗末な建物であった。それでも、雨露を凌ぐにはありがたい。

だが、宮崎でもまた、長男の転校は思い通りに進まなかった。千代が書いた『私の昭和』から、ふたたび体験談を示そう。

宮崎県立中学校を訪れると、教頭は千代たちを廊下に待たせた。やっと見えたと思ったら、「なんで鹿児島にいなかったのか、鹿児島へ帰った方がよい」などと理屈をこねて、まったく相手にしない。

さらに鹿児島と同じように「成績簿などあてにならない」と頭ごなしで、それどころか沖縄のことまでけなす。この時、千代は生まれてはじめて惨めな思いをした。けれども、彼女は前を向いた。

この子を転入させるために来たのだ。

そのように何度も自分に言い聞かせて、「すみません」「お願いします」と繰り返す。藁をもつかむ思いで必死だった。

「席もないよ」

「廊下でもようございます」

「そうはいかん。教室の隅の塵箱の側ならあるが」

「席はどんなでもようございます。学籍だけでも、どうぞお願い申しあげます」と、ひたすら拝みたおす。

「そんならば、もうちょっと待って」

千代と心をひとつにしているからか、連れてきた幼子二人は、我が儘を言うことはしない。やっと許可された時には、夕日が弱い光を長く引いていた。

さて、年を越した一九四五年二月に、夫の寛直が現われた。彼は、沖縄師範学校男子部附属国民学校の主事でもあった。すでに同校の学童たちは、熊本県日奈久町に疎開していた。親元を離れて不安な日々をおくっており、異郷の地で中等学校受験を控える子どももいる。熊本・大分・宮崎県には、多くの沖縄県民が疎開していた。そこで沖縄の学童たちを視察し、各県での受験手続きを円滑に進めるために、彼は九州へ派遣されたというわけだ。

立春を過ぎたとはいえ、沖縄と比べると、寒さはとても厳しい。重要書類を入れたカバン一つだけ抱え、寛直は大雪の阿蘇を訪れ、きびすを返して各地の疎開先に足を運んだ。七か月ぶりに宮崎で家族と再会した彼の顔には、明らかに疲労の色が見えていた。

新崎寛直の遺品（職員手帳・袋）

病に臥せる夫

千代には、衰弱する夫を気づかう余裕すらなかった。まずは、飢えをしのぐことで頭がいっぱいだった。それに、顔のひろい寛直のところを、学校のことだけではなく、家族の安否を尋ねるなどする人たちが、ひっきりなしに訪れていたからである。

一九四五年三月、公務のために、夫は熊本へ向かうと言いだした。寛直は、小さな袋に職員手帳を大切にしまい、旅立つ決意をかためたのだろう。千代と子どもたちは、リヤカーで夫を駅まで送る。すし詰めの汽車が到着するものの席はない。

偶然にも、沖縄出身の知人が乗車していた。軍人の彼が持っている証明書があれば乗ることができる。それを使うように勧められたにもかかわらず、「政府をだましてまで汽車に乗ろうとは思いません」と、寛直はきっぱりと断った。次の汽車に乗るために待合室に残った。

すると、夫は前かがみで下を向き、顔色は青ざめている。家に連れて帰って検温をしてみると、四十度以上もの高熱であった。熱はなかなか下がらず、野生の薬草に感謝して、それを飲ませる日が続く。戦時中のため、自由な買い物はできず、政府から配給されるわずかな物資しか手に入らない。

それでも千代は、夫の快復を祈って、刺身やスープをふるまった。しかし、それらがヤミから仕入れていた品物であることがばれると、夫にこっぴどく叱られ、歯ぎしりをされた。涙ながらに、千代は負けずに言い返した。

なんの縁故もなく、顔さえ見たことのないあなたのために、この土地の漁師さんが、自分の家族の口にも入れずに、あなたの病気を早く快くしてくれと届けてくださったり、私にだけ分けてくださったりするのに、ヤミも非国民もあるものですか。

私は、ただありがたくて、ありがたくて……。

寛直は顔をゆがめて泣き、その理由を知らない子どもたちも、もらい泣きをした。

夫が病に臥せるとともに来客は絶えたものの、空襲は激しくなった。米軍上陸の噂も流れ、ここで自活していくことは至難の業だ。万策は尽きた。そうなると、もはや近くの肉親に頼るしかない。疎開していた千代の姉が、人吉市の聖泉院《しょうせんいん》に落ち着いていた。その姉を頼って、祖母・夫・子ども五人の合計八人で、聖泉院へ向かう長い階段を上っていった。

茨の道

終戦前の一九四五年六月中旬から、千代は人吉で暮らした。そのあとに、「鉄の暴風」とたとえられた、凄惨をきわめた沖縄戦が終息していく。むろん、千代はそのことを知る由もない。

本土でもアメリカ軍による無差別爆撃が続き、国民生活も崩壊していった。そのような状況下で、長男の中学校の転校は、人吉では難なく許可された。一方、夫寛直の容体は快復するどころか、むしろ悪化するばかりだった。千代が遺した『看病日録』には、次のような記述がある。

六月二五日
　熱は下がったけれど、梅雨のうっとうしい日とともに頬の肉は落ち、血色は褪せていった。

七月八日
　安静は衰弱への導火線ともなった。咳と痰は、むしろ安静をさまたげた。

八月一日
　祖母が突然、「お医者さんを早く早く」と促した。医者はなかなか見えない。しばらくうとうとしていた病人が、光のない眼をあけて、「おかあさん、おかあさん、子どもたちをたのむよ」と言った。そこへ先生が来られて、脈を取られた。

「子どもたちはみんな元気です、喜んでください、笑ってください」。私は最期と知って、一生懸命に言うた。

新崎衣料品店（1952、53年頃）

誰よりも疎開者のために尽くしたことから、「疎開者の神様」とも称された寛直は、にっこり笑って、この世を去った。戦争の終わりを告げる、いわゆる玉音放送が流れるのは、それから二週間後のことだった。

孫に先立たれた祖母も、容体が急変して帰らぬ人となった。身を寄せていた寺院からも、出て行かなければならなくなった。千代には悲しみにくれる暇もない。

戦争が終わったのであれば、故郷の沖縄に戻ることもできよう。だが、沖縄戦で廃墟と化し、親族の安否も定かではない。そこで千代は、身寄りのない人吉で、子ども五人と母子家庭として生きていくという、茨の道を選んだ。

敗戦すると、日本は連合国に占領された。進駐軍への恐怖や食糧難でもあったことから、町の住民は田舎へ引っ越す騒ぎとなった。千代の場合は、それとは逆に、町の中を尋ねて回り、大通りに面した小さい一軒に住むことにした。

次に必要なのは収入だ。まずは教員として復職しようと試みるものの、市の教育費の予算上から、その夢はかなわない。そこで自宅で商売を始めることにした。

母の道場

異郷の人吉で、千代は母子家庭をスタートさせた。町に人影は少なかったが、自宅には子どもたちがいる。明るい声が心のあかりをともしたのか、同じように定職もなく、不安な日々をおくる人たちが訪れては、哀れな身の上話をしていった。

霧の深い早朝に、ある大男が寒さに震えて飛び込んできた。ガランとした自宅には火鉢さえない。それでも、千代は長男が通学するために用意したお弁当をその男に与え、長男には水のようなお粥で耐えさせたという。戦争が終わったとはいっても、戦時中のように食料はない。先行きは真っ暗だ。そういう混乱期に千代は、むやみに店を開いたのではない。まずは、人吉の生活事情を知らなければならないと考え、新聞配達をすることにした。

人吉球磨にも、沖縄から疎開してきた者が大勢いた。千代が教員であった頃を知っている者だろうか。幼児を抱えながら、新聞配達をする姿を見た若い疎開者たちが涙ぐんで訴えた。「ここはモンペさえ縫えない人が多いから、私たちが集めて来たり、持って行ったりはしますから、お裁縫で身を立ててください」、と。

手助けをしてくれようとする厚意はありがたかった。でも、膝の上を奪いあうような幼子二人がいては、針仕事もできない。新聞配達をするうちに、藁草履や買い物籠などを自転車に積んでいる人に出会った。これらの商品は売れるのではないかと考え、自宅で雑貨商を始めた。

それから古物商をし、衣料品店を構えるまでになった。かつて女子工芸学校へ通っていた千代にとって、裁縫はお手の物である。衣料品の仕

新崎たばこ店の店先にて

入れは熊本市に行くと決めていた。熊本市の問屋街では、保証人を求めることもなく、返品も交換も自由で、しかも安値で衣料品を売ってくれた。なんら縁もなく、体当たりで生きていた彼女にとって、問屋街は「敗戦後の人間造り」をしてくれたそうだ。

このように千代は、五人の子育てをしながら、ゼロから生活を再建させていった。終戦から一三年後の一九五八年には、たばこ販売の許可を得た。もちろん、子どもたちもできる範囲で炊事・洗濯・掃除を手伝った。それでも無理な洗濯物は、夜更けに千代が球磨川へ下りて洗った。そのときの心情を切なくこう語る。

深夜の星空と急流の瀬音は、生き抜く母の道場でした。

編集者の顔

商売人の千代は、編集者としての顔ももっていた。

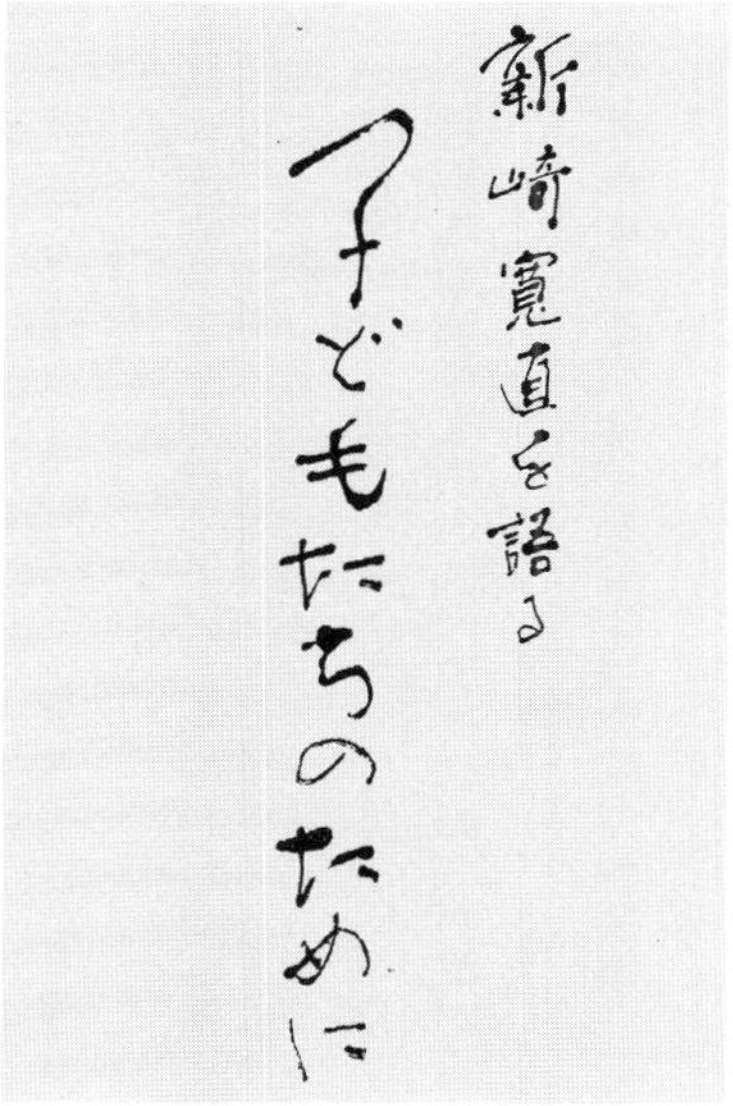

『新崎寛直を語る』の中表紙

夫の死から約四十年後の一九八四年に、『新崎寛直を語る　子どもたちのために』という本を、みずから編集して出版した。内容は、夫の追悼文と遺稿などを集めたものである。中表紙の題字は、寛直の親戚で沖縄民芸協会理事でもあった新崎白玄《はくげん》の親筆である。追悼文として、寛直の元同僚・教え子・家族・親族ら約四十人が原稿を寄せている。

なぜ千代は本を編むことにしたのか。夫が他界してから十五年後の一九六〇年に長男と二人で帰省し、沖縄戦で生き残った親族らと会った。そして、先祖代々の遺骨を人吉に移して、新崎家を継いだ寛直の嫁としての使命を果たした。

それから十七年後の一九七七年には、寛直の三十三回忌を無事に終えた。那覇だけではなく大阪からも親族が集い、「これで嫁としての私の任務も終わった」と一息をつく。けれども、沖縄戦で散った兄の子どもたちが「お父さんはどんな人だったのかなぁ」などと話しているのを思い出し、それをわが子におきかえてみた。

子どもたちには、これまで父である寛直のことをあえて語らなかった。異郷の人吉球磨で暮らし、「母子家庭の子」としてメソメソさせたくないという片意地が先だったからだ。すなわち、その不覚さに胸を痛めたので、千代は本を編集することにしたのである。

追悼文を寄せた多彩な執筆者のなかには、言語学者の仲宗根《なかそね》政善《せいぜん》や沖縄県議会議員の上江洲《うえず》トシなどがいる。しかし、屋良朝苗の名をあげないわけにはいかない。

戦前から沖縄県の教育界のために尽力してきた屋良は、戦後の一九六八年にはアメリカの占領下で初の公選主席に就く。それから四年後に沖縄が日本に復帰すると、初めての県知事となった。追悼文を寄せた時には、すでに知事を辞めていた。そののち、一九九七年に死去した時は、沖縄初の県民葬によって偉業が称えられている。

はたして、寛直とどういう接点があったのかといえば、屋良は一九三〇年に沖縄県女子師範学校・沖縄県立第一高等女学校の教諭に任命されるが、その時に寛直と同僚だったのである。

こと教育の振興というまじめな話題では、意気投合していたように思います。

屋良は、寛直との交流をこのように話す。おたがいに若い教師であり、教育の未来のために何をなすべきかを語りあう仲でもあった。戦前の沖縄教育界の活気が伝わってこよう。

プライド

もっと別の角度から、千代の生き方にも光をあててみたい。

人吉で暮らして十年以上が経過した一九五六年に、彼女は熊本県知事から表彰されている。戦後の厳しい社会のなかで、女手ひとつで自活の道を切り開き、子育てをしたことが認められたからだ。

同じような境遇の母子家庭にも、千代は救いの手を差し伸べた。たとえば、やむにやまれぬ案件があったとしよう。そういうときには、その母に代わって彼女が積極的に役所に働きかけた。プロローグで、千代が昇天するにあたり、「大輪の花」と称されたことを述べた。そう賛美されたのは、まさにこの点が評価されたからだ。

もちろん、故郷のことも忘れなかった。沖縄の子弟が熊本県の学校に通ったときには、母親代わりに支援をした。「沖縄戦戦没者追悼並びに平和記念式典」も人吉市で主催している。

子育ての話にもどると、五人の子どもたちは、いずれも大学に進学した。たとえば、三男は京都大学から日立製作所に入り、一九八六年にオール読物推理小説新人賞を受賞し、四十歳で小説家となった。ペンネームを浅川純《あさかわじゅん》という。

彼の小説のなかで、二冊を紹介したい。『沖縄の家族』（実業之日本社、一九九八年）では、母千代の沖縄での暮らしを描いた。一方、『憧れし日本へ逃れて』（実業之日本社、一九九九年）では、みずからも体験した疎開を題材にしている。

その三男が六歳であった時のこと―。終戦直後の一九四六年に、新入児童の名簿の中から、彼の名が除外されていた。それに気づいた千代は、市の教育課に駆けつけ、まくし立てて、やっと名前を載せてもらった。本籍の沖縄県が異国とみなされたことが、その原因だった。

順調にみえる子育てにおいて、このようによそ者として風当たりが強いこともあった。それでも、千代はひるまなかった。むしろ、次のような言葉でみずからを奮い立たせている。

「私にもたった一つの武器はある」。職場は離れていても「教育者」の自尊心は誰にも退けはとらない。

今は商売人なのかもれない。でも、人としての根っこの部分は〝教育者〟なのである。これが、戦後を生き抜いた千代のプライドなのであった。晩年になっても彼女はたばこ屋を営み続け、二〇〇四年四月二一日に息を引きとった。享年九十九。まさに大往生といえよう。

エピローグ

現在、人吉市九日町の大通りに、たばこ店が面している。創業者は沖縄出身の〝教育者〟新崎千代である。はたして彼女の一代記から、どのような点が明らかになったのか。まずは、彼女が人生の前半を生きた沖縄という視点から―。

通常、沖縄戦といえば、沖縄での決戦ばかりが注目される。けれども、沖縄での決戦のために、命令されて疎開が行われたということは、疎開も沖縄戦とまったく無縁とはいえまい。現に、戦争に参加するために疎開したのだと、千代は認識していた。

決戦のために沖縄を離れた者たちが〈もうひとつの沖縄戦〉の体験者であったことを示す動かぬ証拠がある。沖縄県糸満市には、戦争の悲惨さを後世に伝えるなどの目的で、平和の礎が築かれている。ここに刻まれている戦没者のなかに、夫寛直の名もあるからだ。

沖縄戦だけではなく、疎開をし、あるいはアジア・太平洋の各地から引き揚げ、復員してきたウチナーンチュは、いったいどのような体験をしてきたのだろう。一人ひとりのライフヒストリーが解き明かされていくことによって、ウチナーンチュにとっての戦争の全容も見えてくるのではなかろうか。

他方で、彼女が人生の後半を過ごした人吉球磨という視点からは、何がいえるだろうか。戦時中だけではなく、戦後もその日をしのぐだけで精一杯であったことは、千代の人生から一目瞭然である。そういう状況下で、人びとはどのように生きたのか。一人ひとりのライフヒストリーを知ることが、平和の大切さを理解していくことにつながるだろう。

とはいえ、戦後から七十年以上が経過し、そういう体験者の話を聞くチャンスもしだいに少なくなってきている。今だからこそ戦時中、そして戦後を生きた人たちの声にも耳を傾けてほしい。

ところで、米寿の祝いに、千代はこのような短歌を詠んでいる。

沖縄に果つべき命長らへてはらから相寄り寿ぐ吾が米寿

「はらから」というのは、同胞のことをさす。八十八歳まで長生きし、それをみんなで祝ったことを千代は心から喜んだ。この短歌からは、生まれ島を離れて異郷の地、人吉球磨で生きた千代の、どのような生き様が読みとれるだろうか…。

なぜ「新崎千代」を執筆したのか

二〇一八年に、岩波新書の一冊として『茶と琉球人』を出版した。一見は沖縄の本のようだが、その中身の五分の一は、じつは人吉球磨の歴史なのである。その中で、戦時中に大勢の沖縄県民が人吉球磨に疎開していたということを書いた。

その疎開の取材をするために何度も帰省したが、最後に一つだけ、どうしても訪れておきたい場所があった。それが新崎たばこ店である。戦後、疎開者のほとんどは沖縄へ帰った。けれども、新崎家は人吉にそのまま残ったということを聞いていたからだ。

突然の訪問にもかかわらず、ご遺族は丁寧に応対されて、一冊の本を貸してくださった。それが、小文の基となった『新崎寛直を語る　子どもたちのために』である。

読み終えた瞬間、胸を打たれた。これは単なる新崎寛直の評伝ではなく、戦前から戦後までが刻銘に記された歴史書ではないか、と。どうしても、同書を公表したいという気持ちが高ぶった。当初は再刊をしようと試みた。でも、やはり千代が根づいた人吉球磨のみなさんにこそ、この本を知ってほしかったのである。そこで、同書をまとめる形で彼女の一代記を書こうと決断した。

もちろん、本を要約することは誰にでもできよう。しかし、千代と私には、いくつかの共通点があった。人吉球磨と沖縄で暮らし、母子家庭で育ったこと、もともとは教員であったこと、などである。

よって、千代の人生を描くことが私の使命だと思い込んで筆をとった。これは私にとって最初で最後の

『日刊人吉新聞』の連載で、しかも人物史である。そういう意気込みでも執筆した。とはいえ、「生命こそ宝玉」という、千代が伝えたかったメッセージを、読者のみなさんにお届けできたのかは心もとない。

平和の世であること自体が素晴らしい。それでも、誰もが何らかの悩みを抱えながら生きていよう。この小文を読み、千代のとった行動や発した力強い言葉から、前を向いて生きようとする勇気を得られた読者がいたとしたら、筆者としてはこのうえない喜びである。

なお、『新崎寛直を語る』は、ご遺族のご厚意で人吉市図書館に寄贈されている。ぜひ、ご一読願いたい。最後に、ご遺族で千代の長女にあたる源島《げじま》洋子《ようこ》さんには、取材や執筆にあたって数々のご協力を賜った。ここに記して深甚の謝意を表したい。

＊『日刊人吉新聞』（全十三話）二〇一九年一月二九日～四月二三日連載（一部改変）。

〔付記〕

福岡ユネスコ講演会は、新型コロナウイルス感染拡大の影響のため、予定から四か月も遅れた二〇二〇年七月二六日に実施された。それから一年以内に、講演の内容をまとめた小著『琉球沖縄史への新たな視座』を刊行する決意をかためた。お名前をあげさせていただいた方々に、一日でも早くお届けしたかったからだ。

それにもかかわらず、小著を刊行するまでのあいだに、何人かの突然の悲報に接した。拝読していただけなかったことが痛恨の極みである。とりわけ、恩師の竹内誠先生が逝去されたことの喪失感は筆舌に尽くしがたい。不帰の客となられた皆様が安らかにご永眠されますよう、ここに記してご冥福をお祈りする次第である。

なお、講演会の準備中に厳しい試練が訪れた。二〇二〇年七月四日に球磨川が氾濫し、故郷が未曽有の水害に見舞われたからである。刻一刻と状況が悪化していくなかで、何もできない自分自身の無力感に打ちひしがれた。清流であり、「暴れ川」の異名をもつ球磨川と暮らしていくために、歴史学者の私に何ができるのか。必ずやこの難問を乗り越えることを信じて、被災者のみなさんに寄り添いながら、これからも上を向いて歩いていくことにしたい。

本書は二〇二〇年七月二六日、福岡市で開催された講演会「琉球沖縄史を見る眼―なぜ『茶と琉球人』を書いたのか？―」（福岡ユネスコ協会主催）をもとに一部補筆するとともに『日刊人吉新聞』に連載した文章を加えたものです。出版化をご承諾いただきました武井弘一さんに厚く感謝申し上げます。

（一般財団法人 福岡ユネスコ協会）

【著者紹介】

武井弘一（たけい・こういち）

一九七一年熊本県生まれ。琉球大学国際地域創造学部准教授。東京学芸大学大学院修士課程修了。博士（教育学）。専門分野は日本近世史、歴史教育。

著書に『鉄砲を手放さなかった百姓たち』（朝日選書、二〇一〇年）、『江戸日本の転換点』（ＮＨＫブックス、二〇一五年、第四回河合隼雄学芸賞受賞）、『茶と琉球人』（岩波新書、二〇一八年）など。

FUKUOKA *u* ブックレット⑳

琉球沖縄史への新たな視座

二〇二一年 五 月十五日 第一刷発行
二〇二一年 七 月三十日 第二刷発行

著　者　武井弘一《たけいこういち》

発行者　小野静男
発行所　株式会社 弦書房
（〒810・0041）
福岡市中央区大名二－二－四三
ELK大名ビル三〇一
電　話　〇九二・七二六・九八八五
ＦＡＸ　〇九二・七二六・九八八六

装丁・毛利一枝
印刷・製本　有限会社青雲印刷

落丁・乱丁の本はお取り替えします

ISBN 978-4-86329-221-5 C0021

「FUKUOKA *U* ブックレット」の発刊にあたって

「転換期」ということばが登場して、もうどれくらい経つでしょうか。しかし、「近代」は暮れなずみながら、なお影を長く伸ばし、来るべき新たな時代の姿は依然として定かではありません。

そんな時代に、ここ福岡の地から小冊子「FUKUOKA　U　ブックレット」を刊行します。

福岡は古くから「文化の十字路」でした。アジア大陸に最も近く、また環東シナ海の要石の位置にあって、さまざまな文化を受け入れる窓口として大きな役割を果たしてきました。近代になっても、アジアとの活発な交流は続き、日本の中で最もアジア的なにおいを宿した都市として知られています。今日ここでは、海陸の風を受けながら、学術や芸術に関わる多彩な活動が繰り広げられていますが、しかしメディアの一極集中のせいで、それは多くの人の耳や目に届いているとは言えません。

「FUKUOKA　U　ブックレット」は、ユネスコ憲章の「文化の広い普及と正義・自由・平和のための人類の教育とは、人間の尊厳に欠くことのできないものである」という理念に共鳴し、一九四八年以来、旺盛な活動を続けている福岡ユネスコ（Unesco）協会の講演会やシンポジウムを中心に、福岡におけるビビッドな文化活動の一端を紹介しようとするものです。

海（Umi）に開かれた地から発信されるこのシリーズが、普遍的（Universal）な文化の理解（Understanding）に役立つことを願ってやみません。

（二〇一二年七月）

◆弦書房の本

◉FUKUOKA *U* ブックレット⓯

平成の黙示録
「ヘヴンズ ストーリー」をよむ

瀬々敬久／関一敏　鬼才の問題作に宗教人類学者が迫る。平成に変わった一九八九年からの一〇年間に大きな災害や事件が発生し、平成の闇とも呼ばれたこの時代を表した映画「ヘヴンズ ストーリー」を題材に深いまなざしや思いを語り合う。〈A5判・64頁〉680円

◉FUKUOKA *U* ブックレット⓰

映画にみる韓国と日本
《リメイク作品から考える比較文化論》

チョン・スワン　『泥だらけの純情』『鍵泥棒のメソッド』『リトル・フォレスト』を中心に、韓国の日本映画研究者による映画を通した比較文化論。日本に原作がある、あるいは日本映画のリメイク作品に対し韓国人はどのような魅力を感じるのか。〈A5判・64頁〉680円

◉FUKUOKA *U* ブックレット⓱

ボクシング史料が語るアジア
《日本・フィリピン関係史》

乗松優　目も当てられないほど悪化した戦後の日比関係の改善に、一役買ったのがボクシングだった——。東南アジア研究に新たな視点を持ち込んだボクシングという大衆文化を通して、日本とフィリピンの関係を読み解く新しい試み。〈A5判・80頁〉800円

◉FUKUOKA *U* ブックレット⓲

北欧諸国はなぜ幸福なのか

鈴木賢志　スウェーデンで暮らして実感した幸福度とは——。教育費無料、失業後の職業訓練費も無料。人権、環境、福祉の問題などすべてを他人事ではなく自らの事としてとらえようとする自立した国から、日本人を考えてみる。〈A5判・64頁〉680円

◉FUKUOKA *U* ブックレット⓳

香港で文化を創り続ける

ダニー・ユン／四方田犬彦　舞台芸術の枠にとどまらず文化の創造者として活躍するダニー・ユン氏が、香港での実践と未来について語る。四方田犬彦氏との対談に加え、激動する今の香港情勢に対する四方田氏の書き下ろしエッセイも収録。〈A5判・80頁〉800円

＊表示価格は税別